Mix Tape
Compact Cassette

Mein Sammelbuch

... für 168 Musik-Kassetten

BoD - Books on Demand
Norderstedt 2021

Renate & Uwe H. Sültz
Bücher von A bis Z

Bibliografische Information durch die Deutsche Nationalbibliothek
Die Deutsche Nationalbibliothek verzeichnet diese Publikation in der
Deutschen Nationalbibliografie; detaillierte bibliografische Daten
sind im Internet über http://dnb.dnb.de abrufbar.

Mein Equipment:

© Uwe H. Sültz
Herstellung und Verlag:
BoD – Books on Demand, Norderstedt
ISBN 9-78375-5-72673-9

Compact-Cassetten-Nummer	Titel und Rauschunter-drückung	Inhalt	
		Seite A	Seite B
	Titel _____ DOLBY B __ DOLBY C __ DNL __ STEREO __ MONO __ Fe __ Cr __ FeCr __ Metal __		
	Titel _____ DOLBY B __ DOLBY C __ DNL __ STEREO __ MONO __ Fe __ Cr __ FeCr __ Metal __		
	Titel _____ DOLBY B __ DOLBY C __ DNL __ STEREO __ MONO __ Fe __ Cr __ FeCr __ Metal __		

Compact-Cassetten-Nummer	Titel und Rauschunter-drückung	Inhalt	
		Seite A	Seite B
	Titel _____ DOLBY B __ DOLBY C __ DNL __ STEREO __ MONO __ Fe __ Cr __ FeCr __ Metal __		
	Titel _____ DOLBY B __ DOLBY C __ DNL __ STEREO __ MONO __ Fe __ Cr __ FeCr __ Metal __		
	Titel _____ DOLBY B __ DOLBY C __ DNL __ STEREO __ MONO __ Fe __ Cr __ FeCr __ Metal __		

Compact-Cassetten-Nummer	Titel und Rauschunter-drückung	Inhalt	
		Seite A	Seite B
	Titel _____ DOLBY B __ DOLBY C __ DNL __ STEREO __ MONO __ Fe __ Cr __ FeCr __ Metal __		
	Titel _____ DOLBY B __ DOLBY C __ DNL __ STEREO __ MONO __ Fe __ Cr __ FeCr __ Metal __		
	Titel _____ DOLBY B __ DOLBY C __ DNL __ STEREO __ MONO __ Fe __ Cr __ FeCr __ Metal __		

Compact-Cassetten-Nummer	Titel und Rauschunter-drückung	Inhalt	
		Seite A	Seite B
	Titel _____ DOLBY B __ DOLBY C __ DNL __ STEREO __ MONO __ Fe __ Cr __ FeCr __ Metal __		
	Titel _____ DOLBY B __ DOLBY C __ DNL __ STEREO __ MONO __ Fe __ Cr __ FeCr __ Metal __		
	Titel _____ DOLBY B __ DOLBY C __ DNL __ STEREO __ MONO __ Fe __ Cr __ FeCr __ Metal __		

Compact-Cassetten-Nummer	Titel und Rauschunter-drückung	Inhalt	
		Seite A	Seite B
	Titel _____ DOLBY B __ DOLBY C __ DNL __ STEREO __ MONO __ Fe __ Cr __ FeCr __ Metal __		
	Titel _____ DOLBY B __ DOLBY C __ DNL __ STEREO __ MONO __ Fe __ Cr __ FeCr __ Metal __		
	Titel _____ DOLBY B __ DOLBY C __ DNL __ STEREO __ MONO __ Fe __ Cr __ FeCr __ Metal __		

Compact-Cassetten-Nummer	Titel und Rauschunter-drückung	Inhalt	
		Seite A	Seite B
	Titel _____ DOLBY B __ DOLBY C __ DNL __ STEREO __ MONO __ Fe __ Cr __ FeCr __ Metal __		
	Titel _____ DOLBY B __ DOLBY C __ DNL __ STEREO __ MONO __ Fe __ Cr __ FeCr __ Metal __		
	Titel _____ DOLBY B __ DOLBY C __ DNL __ STEREO __ MONO __ Fe __ Cr __ FeCr __ Metal __		

Compact-Cassetten-Nummer	Titel und Rauschunter-drückung	Inhalt	
		Seite A	Seite B
	Titel _____ DOLBY B __ DOLBY C __ DNL __ STEREO __ MONO __ Fe __ Cr __ FeCr __ Metal __		
	Titel _____ DOLBY B __ DOLBY C __ DNL __ STEREO __ MONO __ Fe __ Cr __ FeCr __ Metal __		
	Titel _____ DOLBY B __ DOLBY C __ DNL __ STEREO __ MONO __ Fe __ Cr __ FeCr __ Metal __		

Compact-Cassetten-Nummer	Titel und Rauschunter-drückung	Inhalt	
		Seite A	Seite B
	Titel _____ DOLBY B __ DOLBY C __ DNL __ STEREO __ MONO __ Fe __ Cr __ FeCr __ Metal __		
	Titel _____ DOLBY B __ DOLBY C __ DNL __ STEREO __ MONO __ Fe __ Cr __ FeCr __ Metal __		
	Titel _____ DOLBY B __ DOLBY C __ DNL __ STEREO __ MONO __ Fe __ Cr __ FeCr __ Metal __		

Compact-Cassetten-Nummer	Titel und Rauschunter-drückung	Inhalt	
		Seite A	Seite B
	Titel _____ DOLBY B __ DOLBY C __ DNL __ STEREO __ MONO __ Fe __ Cr __ FeCr __ Metal __		
	Titel _____ DOLBY B __ DOLBY C __ DNL __ STEREO __ MONO __ Fe __ Cr __ FeCr __ Metal __		
	Titel _____ DOLBY B __ DOLBY C __ DNL __ STEREO __ MONO __ Fe __ Cr __ FeCr __ Metal __		

Compact-Cassetten-Nummer	Titel und Rauschunter-drückung	Inhalt	
		Seite A	Seite B
	Titel _____ DOLBY B __ DOLBY C __ DNL __ STEREO __ MONO __ Fe __ Cr __ FeCr __ Metal __		
	Titel _____ DOLBY B __ DOLBY C __ DNL __ STEREO __ MONO __ Fe __ Cr __ FeCr __ Metal __		
	Titel _____ DOLBY B __ DOLBY C __ DNL __ STEREO __ MONO __ Fe __ Cr __ FeCr __ Metal __		

Compact-Cassetten-Nummer	Titel und Rauschunterdrückung	Inhalt	
		Seite A	Seite B
	Titel _____ DOLBY B __ DOLBY C __ DNL __ STEREO __ MONO __ Fe __ Cr __ FeCr __ Metal __		
	Titel _____ DOLBY B __ DOLBY C __ DNL __ STEREO __ MONO __ Fe __ Cr __ FeCr __ Metal __		
	Titel _____ DOLBY B __ DOLBY C __ DNL __ STEREO __ MONO __ Fe __ Cr __ FeCr __ Metal __		

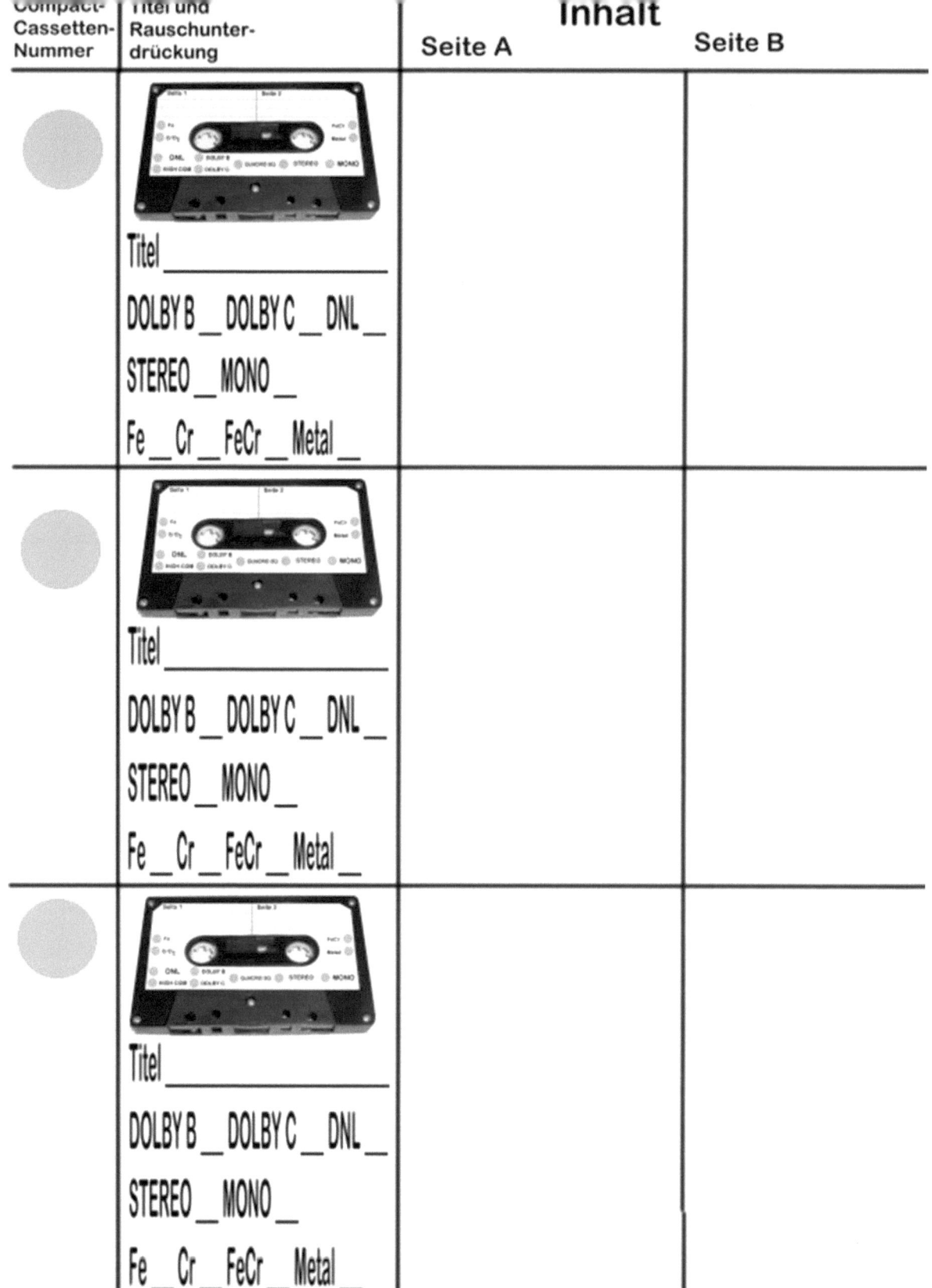

Compact-Cassetten-Nummer	Titel und Rauschunter-drückung	Inhalt	
		Seite A	Seite B
	Titel _____ DOLBY B __ DOLBY C __ DNL __ STEREO __ MONO __ Fe __ Cr __ FeCr __ Metal __		
	Titel _____ DOLBY B __ DOLBY C __ DNL __ STEREO __ MONO __ Fe __ Cr __ FeCr __ Metal __		
	Titel _____ DOLBY B __ DOLBY C __ DNL __ STEREO __ MONO __ Fe __ Cr __ FeCr __ Metal __		

Compact-Cassetten-Nummer	Titel und Rauschunter-drückung	Inhalt	
		Seite A	Seite B
	Titel _____ DOLBY B __ DOLBY C __ DNL __ STEREO __ MONO __ Fe __ Cr __ FeCr __ Metal __		
	Titel _____ DOLBY B __ DOLBY C __ DNL __ STEREO __ MONO __ Fe __ Cr __ FeCr __ Metal __		
	Titel _____ DOLBY B __ DOLBY C __ DNL __ STEREO __ MONO __ Fe __ Cr __ FeCr __ Metal __		

Compact-Cassetten-Nummer	Titel und Rauschunter-drückung	Inhalt	
		Seite A	Seite B
	Titel _____ DOLBY B __ DOLBY C __ DNL __ STEREO __ MONO __ Fe __ Cr __ FeCr __ Metal __		
	Titel _____ DOLBY B __ DOLBY C __ DNL __ STEREO __ MONO __ Fe __ Cr __ FeCr __ Metal __		
	Titel _____ DOLBY B __ DOLBY C __ DNL __ STEREO __ MONO __ Fe __ Cr __ FeCr __ Metal __		

Compact-Cassetten-Nummer	Titel und Rauschunter-drückung	Inhalt	
		Seite A	Seite B
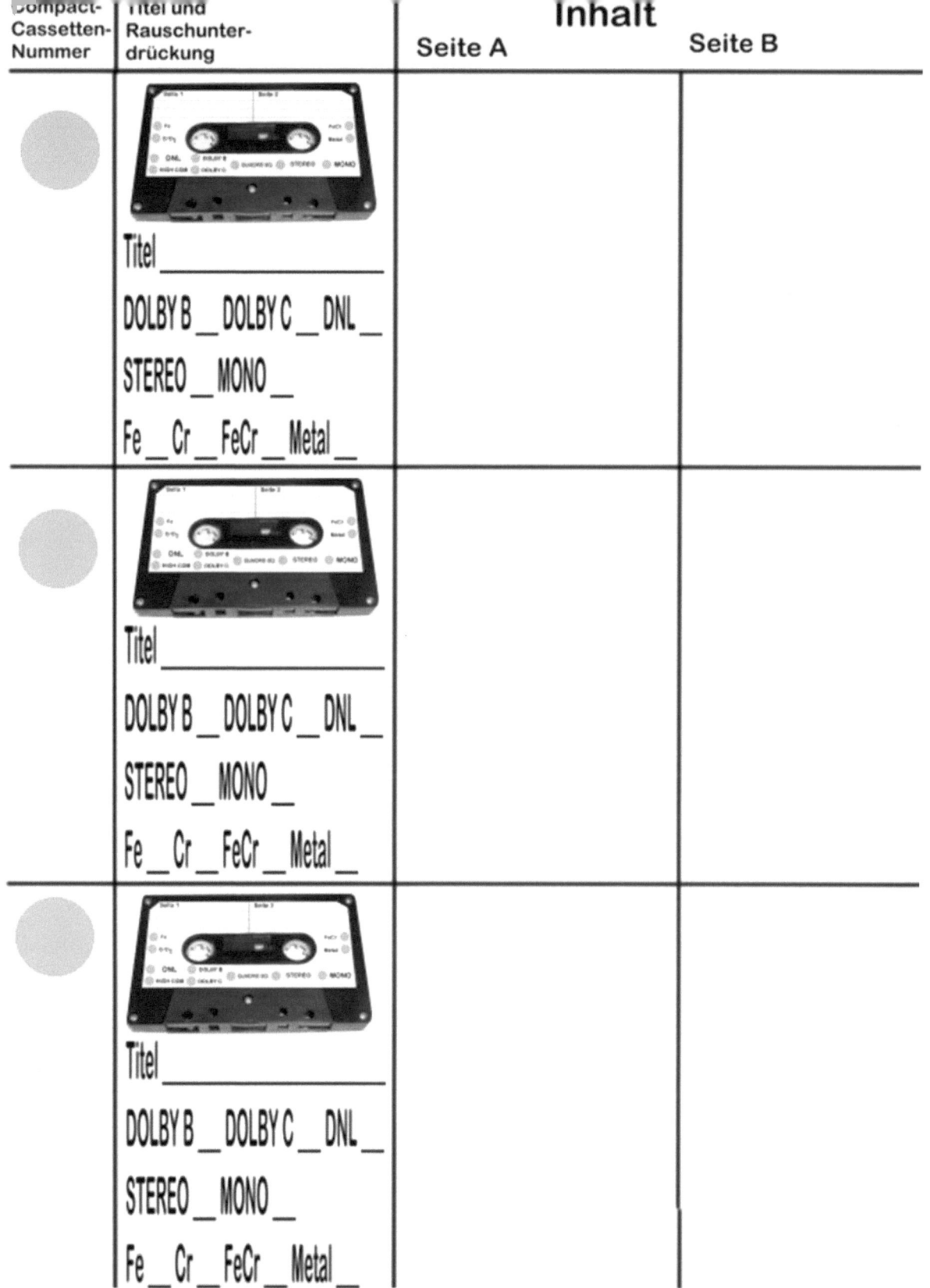 Titel _____ DOLBY B __ DOLBY C __ DNL __ STEREO __ MONO __ Fe __ Cr __ FeCr __ Metal __			
Titel _____ DOLBY B __ DOLBY C __ DNL __ STEREO __ MONO __ Fe __ Cr __ FeCr __ Metal __			
Titel _____ DOLBY B __ DOLBY C __ DNL __ STEREO __ MONO __ Fe __ Cr __ FeCr __ Metal __			

Compact-Cassetten-Nummer	Titel und Rauschunter-drückung	Inhalt	
		Seite A	Seite B
	Titel _____ DOLBY B __ DOLBY C __ DNL __ STEREO __ MONO __ Fe __ Cr __ FeCr __ Metal __		
	Titel _____ DOLBY B __ DOLBY C __ DNL __ STEREO __ MONO __ Fe __ Cr __ FeCr __ Metal __		
	Titel _____ DOLBY B __ DOLBY C __ DNL __ STEREO __ MONO __ Fe __ Cr __ FeCr __ Metal __		

Compact-Cassetten-Nummer	Titel und Rauschunter-drückung	Inhalt	
		Seite A	Seite B
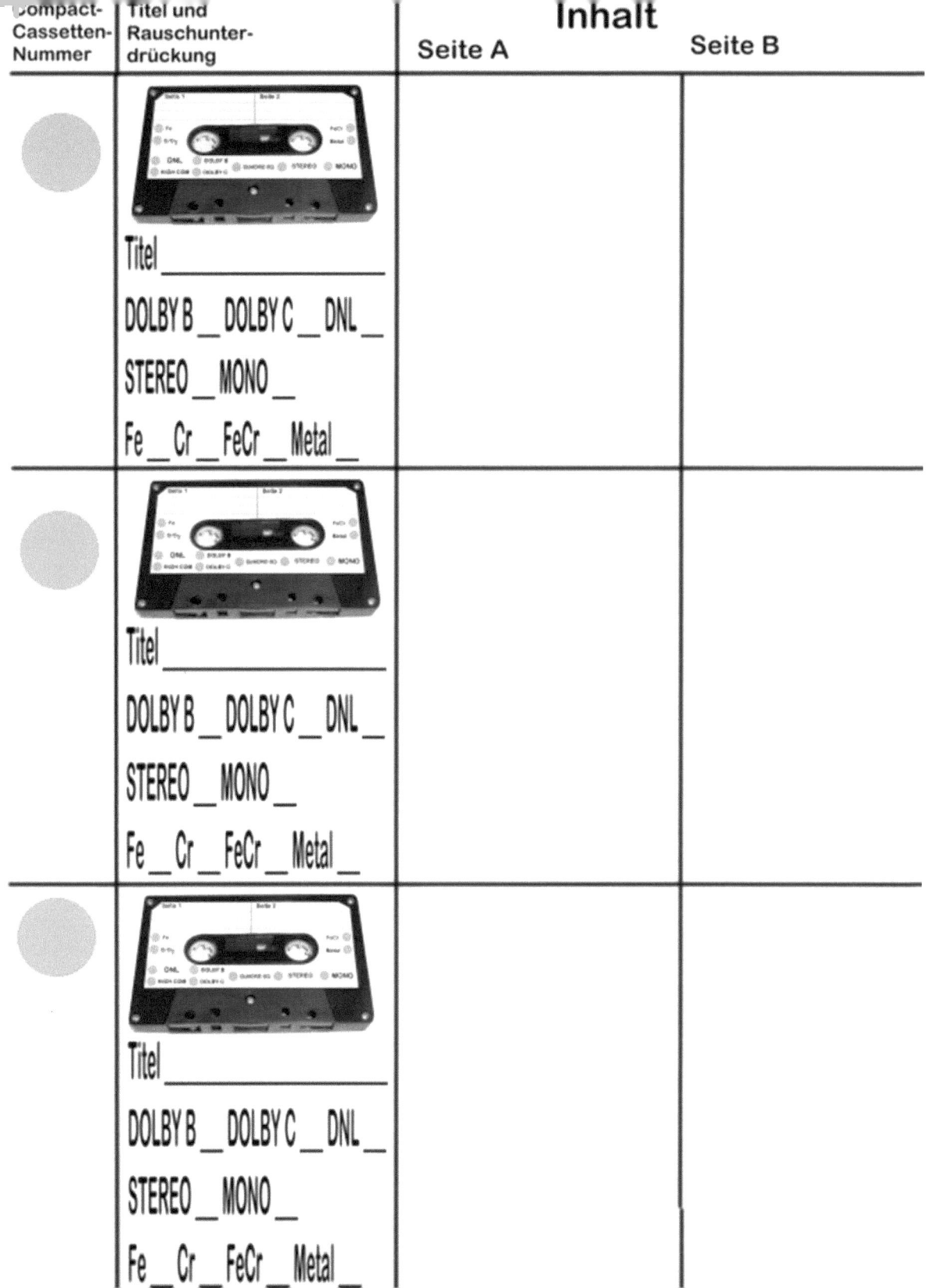	Titel _____ DOLBY B __ DOLBY C __ DNL __ STEREO __ MONO __ Fe __ Cr __ FeCr __ Metal __		
	Titel _____ DOLBY B __ DOLBY C __ DNL __ STEREO __ MONO __ Fe __ Cr __ FeCr __ Metal __		
	Titel _____ DOLBY B __ DOLBY C __ DNL __ STEREO __ MONO __ Fe __ Cr __ FeCr __ Metal __		

Compact-Cassetten-Nummer	Titel und Rauschunter-drückung	Inhalt	
		Seite A	Seite B
	Titel _____ DOLBY B __ DOLBY C __ DNL __ STEREO __ MONO __ Fe __ Cr __ FeCr __ Metal __		
	Titel _____ DOLBY B __ DOLBY C __ DNL __ STEREO __ MONO __ Fe __ Cr __ FeCr __ Metal __		
	Titel _____ DOLBY B __ DOLBY C __ DNL __ STEREO __ MONO __ Fe __ Cr __ FeCr __ Metal __		

Compact-Cassetten-Nummer	Titel und Rauschunter-drückung	Inhalt	
		Seite A	Seite B
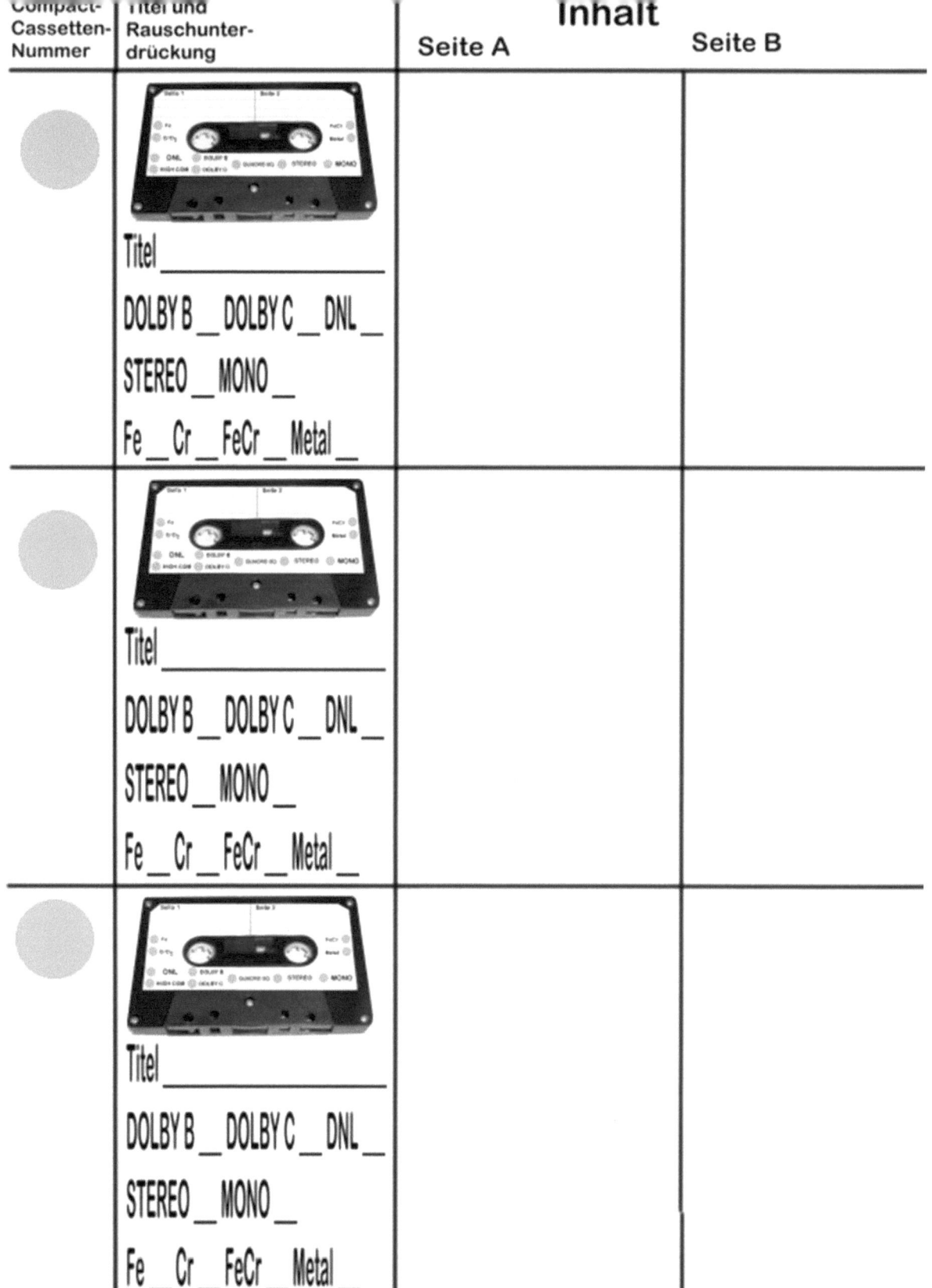	Titel _____ DOLBY B __ DOLBY C __ DNL __ STEREO __ MONO __ Fe __ Cr __ FeCr __ Metal __		
	Titel _____ DOLBY B __ DOLBY C __ DNL __ STEREO __ MONO __ Fe __ Cr __ FeCr __ Metal __		
	Titel _____ DOLBY B __ DOLBY C __ DNL __ STEREO __ MONO __ Fe __ Cr __ FeCr __ Metal __		

Compact-Cassetten-Nummer	Titel und Rauschunterdrückung	Inhalt	
		Seite A	Seite B
	Titel _____ DOLBY B __ DOLBY C __ DNL __ STEREO __ MONO __ Fe __ Cr __ FeCr __ Metal __		
	Titel _____ DOLBY B __ DOLBY C __ DNL __ STEREO __ MONO __ Fe __ Cr __ FeCr __ Metal __		
	Titel _____ DOLBY B __ DOLBY C __ DNL __ STEREO __ MONO __ Fe __ Cr __ FeCr __ Metal __		

Compact-Cassetten-Nummer	Titel und Rauschunter-drückung	Inhalt	
		Seite A	Seite B
	Titel _____ DOLBY B __ DOLBY C __ DNL __ STEREO __ MONO __ Fe __ Cr __ FeCr __ Metal __		
	Titel _____ DOLBY B __ DOLBY C __ DNL __ STEREO __ MONO __ Fe __ Cr __ FeCr __ Metal __		
	Titel _____ DOLBY B __ DOLBY C __ DNL __ STEREO __ MONO __ Fe __ Cr __ FeCr __ Metal __		

Compact-Cassetten-Nummer	Titel und Rauschunter-drückung	Inhalt	
		Seite A	Seite B
	Titel _____ DOLBY B __ DOLBY C __ DNL __ STEREO __ MONO __ Fe __ Cr __ FeCr __ Metal __		
	Titel _____ DOLBY B __ DOLBY C __ DNL __ STEREO __ MONO __ Fe __ Cr __ FeCr __ Metal __		
	Titel _____ DOLBY B __ DOLBY C __ DNL __ STEREO __ MONO __ Fe __ Cr __ FeCr __ Metal __		

Compact-Cassetten-Nummer	Titel und Rauschunter-drückung	Inhalt	
		Seite A	Seite B
	Titel _____ DOLBY B __ DOLBY C __ DNL __ STEREO __ MONO __ Fe __ Cr __ FeCr __ Metal __		
	Titel _____ DOLBY B __ DOLBY C __ DNL __ STEREO __ MONO __ Fe __ Cr __ FeCr __ Metal __		
	Titel _____ DOLBY B __ DOLBY C __ DNL __ STEREO __ MONO __ Fe __ Cr __ FeCr __ Metal __		

Compact-Cassetten-Nummer	Titel und Rauschunterdrückung	Inhalt	
		Seite A	Seite B
	Titel _____ DOLBY B __ DOLBY C __ DNL __ STEREO __ MONO __ Fe __ Cr __ FeCr __ Metal __		
	Titel _____ DOLBY B __ DOLBY C __ DNL __ STEREO __ MONO __ Fe __ Cr __ FeCr __ Metal __		
	Titel _____ DOLBY B __ DOLBY C __ DNL __ STEREO __ MONO __ Fe __ Cr __ FeCr __ Metal __		

Compact-Cassetten-Nummer	Titel und Rauschunter-drückung	Inhalt	
		Seite A	Seite B
	Titel _____ DOLBY B __ DOLBY C __ DNL __ STEREO __ MONO __ Fe __ Cr __ FeCr __ Metal __		
	Titel _____ DOLBY B __ DOLBY C __ DNL __ STEREO __ MONO __ Fe __ Cr __ FeCr __ Metal __		
	Titel _____ DOLBY B __ DOLBY C __ DNL __ STEREO __ MONO __ Fe __ Cr __ FeCr __ Metal __		

Compact-Cassetten-Nummer	Titel und Rauschunter-drückung	Inhalt	
		Seite A	Seite B
	Titel _____ DOLBY B __ DOLBY C __ DNL __ STEREO __ MONO __ Fe __ Cr __ FeCr __ Metal __		
	Titel _____ DOLBY B __ DOLBY C __ DNL __ STEREO __ MONO __ Fe __ Cr __ FeCr __ Metal __		
	Titel _____ DOLBY B __ DOLBY C __ DNL __ STEREO __ MONO __ Fe __ Cr __ FeCr __ Metal __		

Compact-Cassetten-Nummer	Titel und Rauschunter-drückung	Inhalt	
		Seite A	Seite B
	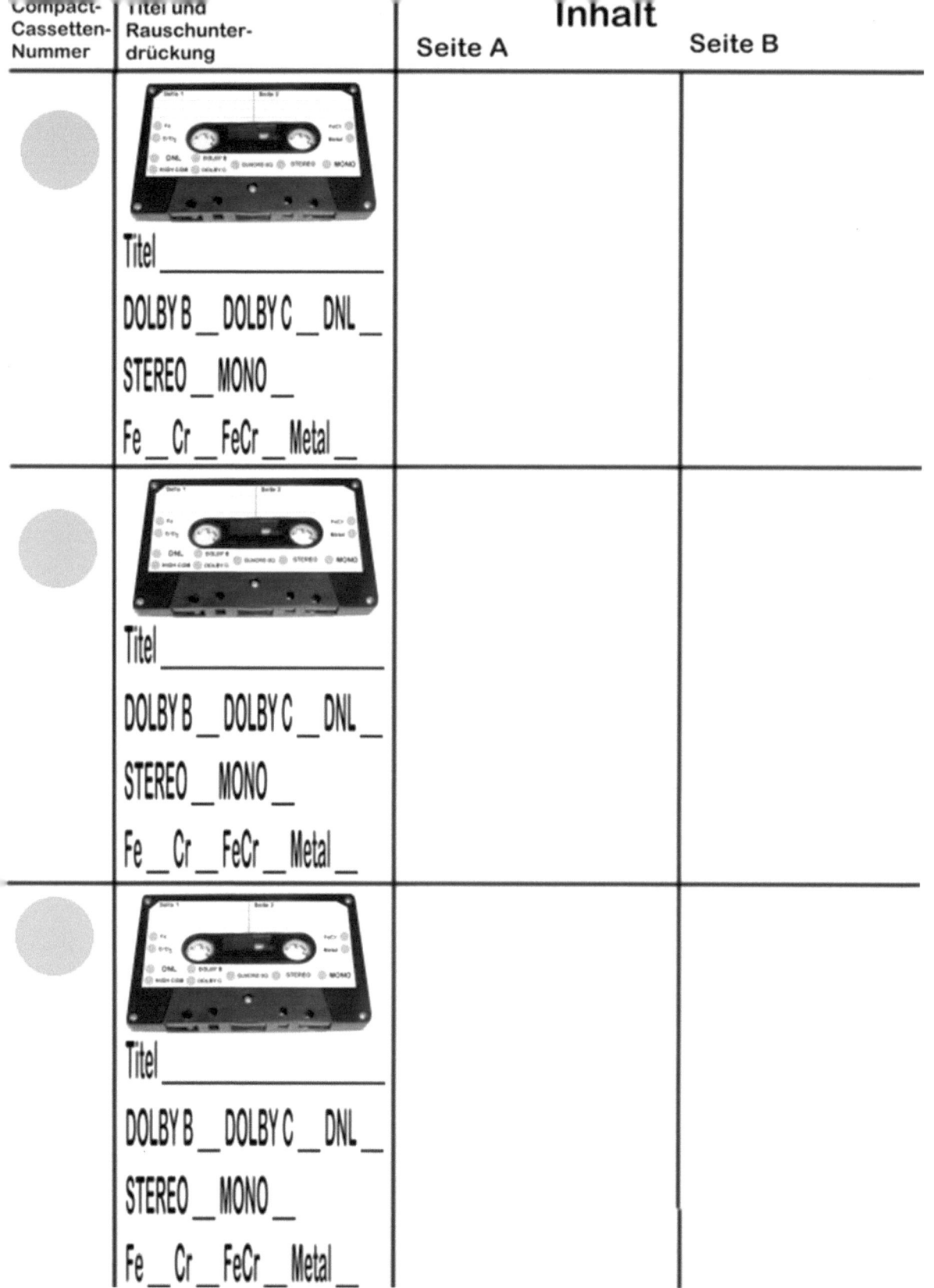 Titel _____ DOLBY B __ DOLBY C __ DNL __ STEREO __ MONO __ Fe __ Cr __ FeCr __ Metal __		
	Titel _____ DOLBY B __ DOLBY C __ DNL __ STEREO __ MONO __ Fe __ Cr __ FeCr __ Metal __		
	Titel _____ DOLBY B __ DOLBY C __ DNL __ STEREO __ MONO __ Fe __ Cr __ FeCr __ Metal __		

Compact-Cassetten-Nummer	Titel und Rauschunter-drückung	Inhalt	
		Seite A	Seite B
	Titel _____ DOLBY B __ DOLBY C __ DNL __ STEREO __ MONO __ Fe __ Cr __ FeCr __ Metal __		
	Titel _____ DOLBY B __ DOLBY C __ DNL __ STEREO __ MONO __ Fe __ Cr __ FeCr __ Metal __		
	Titel _____ DOLBY B __ DOLBY C __ DNL __ STEREO __ MONO __ Fe __ Cr __ FeCr __ Metal __		

Compact-Cassetten-Nummer	Titel und Rauschunter-drückung	Inhalt	
		Seite A	Seite B
	Titel _____ DOLBY B __ DOLBY C __ DNL __ STEREO __ MONO __ Fe __ Cr __ FeCr __ Metal __		
	Titel _____ DOLBY B __ DOLBY C __ DNL __ STEREO __ MONO __ Fe __ Cr __ FeCr __ Metal __		
	Titel _____ DOLBY B __ DOLBY C __ DNL __ STEREO __ MONO __ Fe __ Cr __ FeCr __ Metal __		

Compact-Cassetten-Nummer	Titel und Rauschunter-drückung	Inhalt	
		Seite A	Seite B
	  Titel _____ DOLBY B __ DOLBY C __ DNL __ STEREO __ MONO __ Fe __ Cr __ FeCr __ Metal __		
	  Titel _____ DOLBY B __ DOLBY C __ DNL __ STEREO __ MONO __ Fe __ Cr __ FeCr __ Metal __		
	  Titel _____ DOLBY B __ DOLBY C __ DNL __ STEREO __ MONO __ Fe __ Cr __ FeCr __ Metal __		

Compact-Cassetten-Nummer	Titel und Rauschunter-drückung	Inhalt	
		Seite A	Seite B
	Titel _____ DOLBY B __ DOLBY C __ DNL __ STEREO __ MONO __ Fe __ Cr __ FeCr __ Metal __		
	Titel _____ DOLBY B __ DOLBY C __ DNL __ STEREO __ MONO __ Fe __ Cr __ FeCr __ Metal __		
	Titel _____ DOLBY B __ DOLBY C __ DNL __ STEREO __ MONO __ Fe __ Cr __ FeCr __ Metal __		

Compact-Cassetten-Nummer	Titel und Rauschunter-drückung	Inhalt	
		Seite A	Seite B
	Titel _____ DOLBY B __ DOLBY C __ DNL __ STEREO __ MONO __ Fe __ Cr __ FeCr __ Metal __		
	Titel _____ DOLBY B __ DOLBY C __ DNL __ STEREO __ MONO __ Fe __ Cr __ FeCr __ Metal __		
	Titel _____ DOLBY B __ DOLBY C __ DNL __ STEREO __ MONO __ Fe __ Cr __ FeCr __ Metal __		

Compact-Cassetten-Nummer	Titel und Rauschunter-drückung	Inhalt	
		Seite A	Seite B
	Titel _____ DOLBY B __ DOLBY C __ DNL __ STEREO __ MONO __ Fe __ Cr __ FeCr __ Metal __		
	Titel _____ DOLBY B __ DOLBY C __ DNL __ STEREO __ MONO __ Fe __ Cr __ FeCr __ Metal __		
	Titel _____ DOLBY B __ DOLBY C __ DNL __ STEREO __ MONO __ Fe __ Cr __ FeCr __ Metal __		

Compact-Cassetten-Nummer	Titel und Rauschunter-drückung	Inhalt	
		Seite A	Seite B
	Titel _____ DOLBY B __ DOLBY C __ DNL __ STEREO __ MONO __ Fe __ Cr __ FeCr __ Metal __		
	Titel _____ DOLBY B __ DOLBY C __ DNL __ STEREO __ MONO __ Fe __ Cr __ FeCr __ Metal __		
	Titel _____ DOLBY B __ DOLBY C __ DNL __ STEREO __ MONO __ Fe __ Cr __ FeCr __ Metal __		

Compact-Cassetten-Nummer	Titel und Rauschunter-drückung	Inhalt	
		Seite A	Seite B
	Titel _____ DOLBY B __ DOLBY C __ DNL __ STEREO __ MONO __ Fe __ Cr __ FeCr __ Metal __		
	Titel _____ DOLBY B __ DOLBY C __ DNL __ STEREO __ MONO __ Fe __ Cr __ FeCr __ Metal __		
	Titel _____ DOLBY B __ DOLBY C __ DNL __ STEREO __ MONO __ Fe __ Cr __ FeCr __ Metal __		

Compact-Cassetten-Nummer	Titel und Rauschunter-drückung	Inhalt	
		Seite A	Seite B
	Titel _____ DOLBY B __ DOLBY C __ DNL __ STEREO __ MONO __ Fe __ Cr __ FeCr __ Metal __		
	Titel _____ DOLBY B __ DOLBY C __ DNL __ STEREO __ MONO __ Fe __ Cr __ FeCr __ Metal __		
	Titel _____ DOLBY B __ DOLBY C __ DNL __ STEREO __ MONO __ Fe __ Cr __ FeCr __ Metal __		

Compact-Cassetten-Nummer	Titel und Rauschunter-drückung	Inhalt	
		Seite A	Seite B
	Titel _____ DOLBY B __ DOLBY C __ DNL __ STEREO __ MONO __ Fe __ Cr __ FeCr __ Metal __		
	Titel _____ DOLBY B __ DOLBY C __ DNL __ STEREO __ MONO __ Fe __ Cr __ FeCr __ Metal __		
	Titel _____ DOLBY B __ DOLBY C __ DNL __ STEREO __ MONO __ Fe __ Cr __ FeCr __ Metal __		

Compact-Cassetten-Nummer	Titel und Rauschunter-drückung	Inhalt Seite A	Seite B
	Titel _____ DOLBY B __ DOLBY C __ DNL __ STEREO __ MONO __ Fe __ Cr __ FeCr __ Metal __		
	Titel _____ DOLBY B __ DOLBY C __ DNL __ STEREO __ MONO __ Fe __ Cr __ FeCr __ Metal __		
	Titel _____ DOLBY B __ DOLBY C __ DNL __ STEREO __ MONO __ Fe __ Cr __ FeCr __ Metal __		

Compact-Cassetten-Nummer	Titel und Rauschunter-drückung	Inhalt	
		Seite A	Seite B
	Titel _____ DOLBY B __ DOLBY C __ DNL __ STEREO __ MONO __ Fe __ Cr __ FeCr __ Metal __		
	Titel _____ DOLBY B __ DOLBY C __ DNL __ STEREO __ MONO __ Fe __ Cr __ FeCr __ Metal __		
	Titel _____ DOLBY B __ DOLBY C __ DNL __ STEREO __ MONO __ Fe __ Cr __ FeCr __ Metal __		

Compact-Cassetten-Nummer	Titel und Rauschunter-drückung	Inhalt	
		Seite A	Seite B
	Titel _____ DOLBY B __ DOLBY C __ DNL __ STEREO __ MONO __ Fe __ Cr __ FeCr __ Metal __		
	Titel _____ DOLBY B __ DOLBY C __ DNL __ STEREO __ MONO __ Fe __ Cr __ FeCr __ Metal __		
	Titel _____ DOLBY B __ DOLBY C __ DNL __ STEREO __ MONO __ Fe __ Cr __ FeCr __ Metal __		

Compact-Cassetten-Nummer	Titel und Rauschunter-drückung	Inhalt	
		Seite A	Seite B
	Titel _____ DOLBY B __ DOLBY C __ DNL __ STEREO __ MONO __ Fe __ Cr __ FeCr __ Metal __		
	Titel _____ DOLBY B __ DOLBY C __ DNL __ STEREO __ MONO __ Fe __ Cr __ FeCr __ Metal __		
	Titel _____ DOLBY B __ DOLBY C __ DNL __ STEREO __ MONO __ Fe __ Cr __ FeCr __ Metal __		

Compact-Cassetten-Nummer	Titel und Rauschunter-drückung	Inhalt	
		Seite A	Seite B
	Titel _____ DOLBY B __ DOLBY C __ DNL __ STEREO __ MONO __ Fe __ Cr __ FeCr __ Metal __		
	Titel _____ DOLBY B __ DOLBY C __ DNL __ STEREO __ MONO __ Fe __ Cr __ FeCr __ Metal __		
	Titel _____ DOLBY B __ DOLBY C __ DNL __ STEREO __ MONO __ Fe __ Cr __ FeCr __ Metal __		

Compact-Cassetten-Nummer	Titel und Rauschunter-drückung	Inhalt	
		Seite A	Seite B
	Titel _____ DOLBY B __ DOLBY C __ DNL __ STEREO __ MONO __ Fe __ Cr __ FeCr __ Metal __		
	Titel _____ DOLBY B __ DOLBY C __ DNL __ STEREO __ MONO __ Fe __ Cr __ FeCr __ Metal __		
	Titel _____ DOLBY B __ DOLBY C __ DNL __ STEREO __ MONO __ Fe __ Cr __ FeCr __ Metal __		

Compact-Cassetten-Nummer	Titel und Rauschunter-drückung	Inhalt	
		Seite A	Seite B
	Titel _____ DOLBY B __ DOLBY C __ DNL __ STEREO __ MONO __ Fe __ Cr __ FeCr __ Metal __		
	Titel _____ DOLBY B __ DOLBY C __ DNL __ STEREO __ MONO __ Fe __ Cr __ FeCr __ Metal __		
	Titel _____ DOLBY B __ DOLBY C __ DNL __ STEREO __ MONO __ Fe __ Cr __ FeCr __ Metal __		

Compact-Cassetten-Nummer	Titel und Rauschunter-drückung	Inhalt	
		Seite A	Seite B
	Titel _____ DOLBY B __ DOLBY C __ DNL __ STEREO __ MONO __ Fe __ Cr __ FeCr __ Metal __		
	Titel _____ DOLBY B __ DOLBY C __ DNL __ STEREO __ MONO __ Fe __ Cr __ FeCr __ Metal __		
	Titel _____ DOLBY B __ DOLBY C __ DNL __ STEREO __ MONO __ Fe __ Cr __ FeCr __ Metal __		

Compact-Cassetten-Nummer	Titel und Rauschunter-drückung	Inhalt	
		Seite A	Seite B
	Titel _____ DOLBY B __ DOLBY C __ DNL __ STEREO __ MONO __ Fe __ Cr __ FeCr __ Metal __		
	Titel _____ DOLBY B __ DOLBY C __ DNL __ STEREO __ MONO __ Fe __ Cr __ FeCr __ Metal __		
	Titel _____ DOLBY B __ DOLBY C __ DNL __ STEREO __ MONO __ Fe __ Cr __ FeCr __ Metal __		

Compact-Cassetten-Nummer	Titel und Rauschunter-drückung	Inhalt	
		Seite A	Seite B
	Titel _____ DOLBY B __ DOLBY C __ DNL __ STEREO __ MONO __ Fe __ Cr __ FeCr __ Metal __		
	Titel _____ DOLBY B __ DOLBY C __ DNL __ STEREO __ MONO __ Fe __ Cr __ FeCr __ Metal __		
	Titel _____ DOLBY B __ DOLBY C __ DNL __ STEREO __ MONO __ Fe __ Cr __ FeCr __ Metal __		

Compact-Cassetten-Nummer	Titel und Rauschunterdrückung	Inhalt	
		Seite A	Seite B
	Titel _____ DOLBY B __ DOLBY C __ DNL __ STEREO __ MONO __ Fe __ Cr __ FeCr __ Metal __		
	Titel _____ DOLBY B __ DOLBY C __ DNL __ STEREO __ MONO __ Fe __ Cr __ FeCr __ Metal __		
	Titel _____ DOLBY B __ DOLBY C __ DNL __ STEREO __ MONO __ Fe __ Cr __ FeCr __ Metal		

Compact-Cassetten-Nummer	Titel und Rauschunter-drückung	Inhalt	
		Seite A	Seite B
	Titel _____ DOLBY B __ DOLBY C __ DNL __ STEREO __ MONO __ Fe __ Cr __ FeCr __ Metal __		
	Titel _____ DOLBY B __ DOLBY C __ DNL __ STEREO __ MONO __ Fe __ Cr __ FeCr __ Metal __		
	Titel _____ DOLBY B __ DOLBY C __ DNL __ STEREO __ MONO __ Fe __ Cr __ FeCr __ Metal __		

Compact-Cassetten-Nummer	Titel und Rauschunter-drückung	Inhalt	
		Seite A	Seite B
	Titel _____ DOLBY B __ DOLBY C __ DNL __ STEREO __ MONO __ Fe __ Cr __ FeCr __ Metal __		
	Titel _____ DOLBY B __ DOLBY C __ DNL __ STEREO __ MONO __ Fe __ Cr __ FeCr __ Metal __		
	Titel _____ DOLBY B __ DOLBY C __ DNL __ STEREO __ MONO __ Fe __ Cr __ FeCr __ Metal __		

Compact-Cassetten-Nummer	Titel und Rauschunter-drückung	Inhalt	
		Seite A	Seite B
	Titel _____ DOLBY B __ DOLBY C __ DNL __ STEREO __ MONO __ Fe __ Cr __ FeCr __ Metal __		
	Titel _____ DOLBY B __ DOLBY C __ DNL __ STEREO __ MONO __ Fe __ Cr __ FeCr __ Metal __		
	Titel _____ DOLBY B __ DOLBY C __ DNL __ STEREO __ MONO __ Fe __ Cr __ FeCr __ Metal __		

Compact-Cassetten-Nummer	Titel und Rauschunter-drückung	Inhalt	
		Seite A	Seite B
	Titel _____ DOLBY B __ DOLBY C __ DNL __ STEREO __ MONO __ Fe __ Cr __ FeCr __ Metal __		
	Titel _____ DOLBY B __ DOLBY C __ DNL __ STEREO __ MONO __ Fe __ Cr __ FeCr __ Metal __		
	Titel _____ DOLBY B __ DOLBY C __ DNL __ STEREO __ MONO __ Fe __ Cr __ FeCr __ Metal __		

Compact-Cassetten-Nummer	Titel und Rauschunter-drückung	Inhalt	
		Seite A	Seite B
	Titel _____ DOLBY B __ DOLBY C __ DNL __ STEREO __ MONO __ Fe __ Cr __ FeCr __ Metal __		
	Titel _____ DOLBY B __ DOLBY C __ DNL __ STEREO __ MONO __ Fe __ Cr __ FeCr __ Metal __		
	Titel _____ DOLBY B __ DOLBY C __ DNL __ STEREO __ MONO __ Fe __ Cr __ FeCr __ Metal __		

Compact-Cassetten-Nummer	Titel und Rauschunter-drückung	Inhalt	
		Seite A	Seite B
	Titel _____ DOLBY B __ DOLBY C __ DNL __ STEREO __ MONO __ Fe __ Cr __ FeCr __ Metal __		
	Titel _____ DOLBY B __ DOLBY C __ DNL __ STEREO __ MONO __ Fe __ Cr __ FeCr __ Metal __		
	Titel _____ DOLBY B __ DOLBY C __ DNL __ STEREO __ MONO __ Fe __ Cr __ FeCr __ Metal __		

Compact-Cassetten-Nummer	Titel und Rauschunter-drückung	Inhalt	
		Seite A	Seite B
	Titel _____ DOLBY B __ DOLBY C __ DNL __ STEREO __ MONO __ Fe __ Cr __ FeCr __ Metal __		
	Titel _____ DOLBY B __ DOLBY C __ DNL __ STEREO __ MONO __ Fe __ Cr __ FeCr __ Metal __		
	Titel _____ DOLBY B __ DOLBY C __ DNL __ STEREO __ MONO __ Fe __ Cr __ FeCr __ Metal __		

Compact-Cassetten-Nummer	Titel und Rauschunterdrückung	Inhalt	
		Seite A	Seite B
	  Titel _____ DOLBY B __ DOLBY C __ DNL __ STEREO __ MONO __ Fe __ Cr __ FeCr __ Metal __		
	  Titel _____ DOLBY B __ DOLBY C __ DNL __ STEREO __ MONO __ Fe __ Cr __ FeCr __ Metal __		
	  Titel _____ DOLBY B __ DOLBY C __ DNL __ STEREO __ MONO __ Fe __ Cr __ FeCr __ Metal __		